売上計算表

_____ 月　　　　　　　屋号・商号 _____

商品・サービス	単価	数量	売上金額
		合計	

売上

JN225401

A4用紙にコピーして使いましょう　→使い方は7ページ

起業でつくる ジブンの仕事

③ 会社経営ってどうやるの？

監修 藤川大祐（千葉大学教育学部長・教授）

汐文社

はじめに

　近年、AI（人工知能）の進化は目ざましく、社会が大きく変わろうとするなかで、日本国内の人口は年々減りつづけ、働き手の高齢化も進み、仕事にはより効率化・省力化が求められるようになりました。

　今では、これまで人が行ってきた仕事の一部をAIやロボットが担うようになったり、劇的に進化するIT（情報技術）があらゆる場所で活用されるようになったりするなど、仕事の「スマート化」が行われています。近い将来、多くの仕事がスマート化されることで、みなさんが「将来なりたい」と思っていた職業が、大人になるころにはなくなっているかもしれません。

　そこで、これから必要になるのが、夢やアイデアを持ってみずから事業を起こし、仕事をつくっていくという「起業家精神」です。

　今ある職業のなかから、将来自分が働く姿を思い描くことも大切ですが、これからの社会で必要になるような「新しい仕事」を自分で生み出すことも、大切な選択肢となるでしょう。そのための手段となるのが「起業」です。

　この本では、売上やコスト、人材の採用など、実際に起業をしたあと、どのように経営をすればよいか、具体的なことを学んでいくことで、「起業」をより身近に感じることができるようになっています。

　みなさんがこの本を通じて、「起業」に関心を持つきっかけになれば幸いです。

もくじ

起業でつくるジブンの仕事
❸ 会社経営ってどうやるの？

はじめに

会社はつくるよりも続けるほうが難しい ……… 4
会社にとって大事な「利益」 ……… 6
利益を上げるにはどうすればいいの？ ……… 8
コストの種類 ……… 10
税金について考えておこう ……… 12
私の起業失敗談❶ 株式会社 e-lamp. CEO 山本 愛優美さん ……… 14
会社のなかの組織を見てみよう ……… 16
会社設立後に必要なこと ……… 18
経営について学んでおこう ……… 20

仕事上のトラブルに注意　21

人材を集めよう ……… 22
働きやすい環境をつくろう ……… 24
いろいろな働き方を知ろう ……… 26
人件費はどのくらいかかる？ ……… 28
労働者に関する法律を知っておこう ……… 30
私の起業失敗談❷ 株式会社 FabU 代表取締役 佐々木 誠さん ……… 32
起業から今までをふり返ろう ……… 34
事業の今後を考えよう ……… 36

やっぱり起業したい！ ……… 38

さくいん　39

★本書に出てくる社名、肩書、法律、制度、URL などは、2024 年 12 月現在のものです

会社はつくるよりも続けるほうが難しい

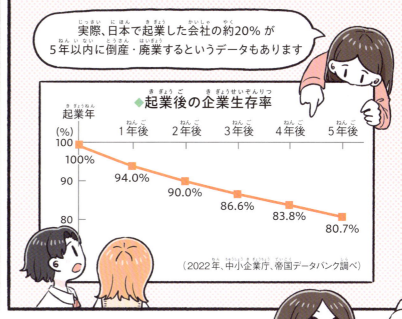

会社にとって大事な「利益」

利益＝売上－コスト

会社を続けていくためには、会社を維持していけるだけの「利益」が必要です。利益とは、ビジネスで得たお金（売上）からコストを引いた、純粋な「もうけ」のことです。

たとえば、パン屋さんであれば、1日に売れたパンの代金の合計が1日の売上です。ただし、パンをつくるには、小麦粉やバターなどの材料費、お店の家賃、パンを焼くためのガス代や電気代、人を雇った場合に支払う給与などの経費、税金も必要になります。

このように、会社を運営していくために必要なお金を「コスト」といいます。

▶ あんパン1個の利益は？

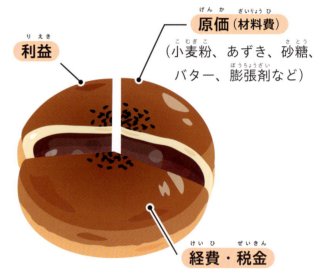

- 利益
- 原価（材料費）（小麦粉、あずき、砂糖、バター、膨張剤など）
- 経費・税金（水道光熱費、家賃、広告宣伝費、人件費など）

利益 ＝ 売上 － コスト

材料費／税金／人件費／ガス・電気代 ……などなど

お店をはじめるときに必要な初期費用や、月づき支払う家賃や光熱費なども、1日当たり、パン1個当たりにかかるコストとして細かく割って計算するんだよ

1個150円のパンを売っても、150円がそのまま もうけになるわけじゃないんだね

売上とコストの計算をしてみよう

では、ためしに巻頭と巻末のシートを使って、売上とコストの計算をしてみましょう。（ここでは原価のみのコストを計算します。）

売上計算表の合計からコスト計算表の合計を引いた金額が、利益だよ。実際には、もっと細かい計算が必要だけど、ここではかんたんな表にしたよ

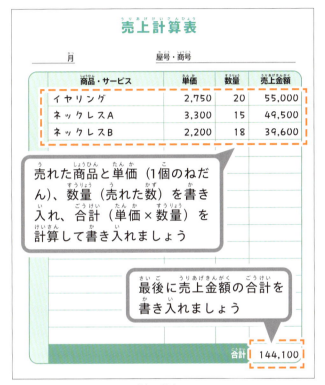

売上計算表

商品・サービス	単価	数量	売上金額
イヤリング	2,750	20	55,000
ネックレスA	3,300	15	49,500
ネックレスB	2,200	18	39,600

売れた商品と単価（1個のねだん）、数量（売れた数）を書き入れ、合計（単価×数量）を計算して書き入れましょう

最後に売上金額の合計を書き入れましょう

合計 144,100

★この本の最初にワークシートがあります。

コスト計算表

商品・サービス	単価	数量	コスト金額
ビーズ	20	40	800
テグス	150	10	1,500
チャーム	600	10	6,000
コットンパール（30個入り）	600	8	4,800
接着剤	400	1	400
包装ケース	150	53	7,950

仕入れた商品と単価（1個のねだん）、数量（買った数）を書き入れ、コストの合計（単価×数量）を計算して書き入れましょう

最後にコストの金額の合計を書き入れましょう

合計 21,450

★この本の最後にワークシートがあります。

非営利組織でも利益が必要？

NPO法人（特定非営利活動法人）などの非営利組織は、営利を求めないボランティアが基本と思われがちです。しかし、「非営利」とは、活動で得た利益や資産を構成員（株式会社でいうところの株主にあたる人）に分配しないという意味です。人件費などの経費を引いた利益はすべて、組織の維持や活動のために使われます。

NPO法人だけでなく、病院や学校、福祉施設なども非営利組織に分類されますが、活動を続けるための利益を得ることは認められています。

利益を上げるにはどうすればいいの?

売上を上げる

利益を上げる一番の方法は、商品やサービスをたくさん売って売上をのばすことです。そのためには、お客さんに商品やサービスを買ってもらわなければなりません。商品やサービスを魅力的に見せる工夫をして、売上アップをめざしましょう。

いい材料にこだわると値段が高くなって、買ってくれないんじゃないかな?

お客さんが求めているのは「安さ」だけとはかぎらないよ。たとえば食品の場合、食物アレルギーを引き起こす特定原材料が使われていないとか、動物由来の製品を使わないヴィーガンメニューがあるとか、どんな人に向けた商品やサービスなのかを考えるといいね

売上アップのための工夫(例)

● **オリジナリティを加える**

自分の会社やお店ならではの特別な魅力があれば、商品やサービスを買ってもらいやすくなります。たとえば、パンなら材料や品質にこだわるなど、ほかのお店にはない要素(付加価値)をつけるのもいいでしょう。

● **効果的な宣伝方法**

どんなにいい商品やサービスでも、お客さんが存在を知らなければ売れません。魅力が伝わるPOPや見映えがする商品の並べ方を工夫したり、広告を出したりしてみましょう。

● **ニーズをとらえる**

お客さんがほしいと思う商品やサービスをつくるには、お客さんが求めているもの(ニーズ)をしっかりとらえることが重要です。街に出たり、インターネットや雑誌を見たりして、どんなニーズがあるかを分析しましょう。

どんな売り方ができるか考えてみよう

ほかにも、お客さんに喜ばれる売り方はたくさんあります。ふだん訪れるお店やネットショップではどんな売り方がされているかチェックして、いいアイデアは取り入れましょう。

> たとえば、お客さんが少ない雨の日にだけ使えるクーポンを用意すると、売上を増やせそうだね！

売り方のアイデア（例）

● クーポンやポイント

「1000円以上お買い上げで10％割引クーポンプレゼント」や「10％ポイント還元」など、また利用してもらえるような仕組みを用意して、リピーターになってもらいましょう。

● キャンペーン

「ハッシュタグをつけてSNSに投稿した方にプレゼント」といったSNSなどを活用したキャンペーンは、お店や会社の外で宣伝が行われるため、商品やサービスを多くの人に知ってもらうチャンスにもなります。

● 期間限定

季節限定や曜日限定の商品やサービスは、「今だけ」の特別感があり、お客さんの買いたい気持ちを刺激します。

● ブランディング

商品やサービス、お店、会社に独自の価値やイメージを持たせ、ほかと差別化することを「ブランディング」といいます。ロゴや商品のパッケージデザインはもちろん、お店や会社が大切にしているこだわりが個性になります。

適切な価格設定

売上を上げれば利益が増えるといっても、売上が上がるにつれて、たくさん仕入れが必要になったり、売るためのスタッフを増やしたりと、それだけコストも上がっていきます。つまり、売上とコストのバランスがとれた、適切な価格設定も大事なのです。

最低どれだけ売れれば、全体にかかるコストが回収できるかを計算しながら、商品やサービスの価格を設定することで、売上の目標が立てやすくなります。

> もともとコストがあまりかからない事業の形を考えることも大切だね

コストの種類

コストにはどんなものがあるの？（コストの例）

● 原価
商品の仕入れや、商品をつくるために必要な材料費を「原価」といいます。また、仕入れたものを運ぶ場合にかかる配送料（運送費）もこれにふくまれます。

● 人件費
人を雇った場合に支払う給料や各種手当（通勤手当、住宅手当など）、賞与（ボーナス）、退職金などを「人件費」といいます。

● 設備費
たとえば、パン屋さんならパンを焼くオーブン、お店ならレジやテーブル、会社なら事務机やパソコンなど、業務に必要な設備や機械などの代金（設備費）も必要です。これらは一度買ったら何年も使うので、コスト計算する際には使用期間（耐用年数）で割って考えます（「減価償却」といいます）。

● 広告宣伝費
お店のオープンや新商品を宣伝するための広告やチラシ、ショップカードを制作する場合には、「広告宣伝費」がかかります。

● 家賃・水道光熱費・通信費
お店やオフィスを借りる場合、その家賃が必要になります。また、お店やオフィスで使用する水道・電気・ガス代などの水道光熱費、電話やインターネットの通信費も毎月必要になります。

> 人件費や家賃、通信費のように、毎月同じようにかかるコストは「固定費」というよ

> 一方で、そのときどきによってかかる費用が変わる原価などは「変動費」というんだ

> こうして見るとたくさんある……売上からコストを引いたら利益はあまり残らないね

むだをはぶいてコストを下げよう

売上は同じでも、コストを下げれば利益を上げることができます。必要以上に使いすぎているコストはないか、定期的に見直す必要があります。

とはいえ、やみくもにコスト削減をはかっても、うまくはいきません。少しずつ試行錯誤しながら、適正なコストを探っていくことが大事です。

コストを下げる工夫（例）

● 原価を見直してむだなく使う

材料を安いものに変えるのも一つの方法ですが、まとめ買いをすることで単価を安くおさえられることがあります。また、品物によっては安く売られる時期をねらって購入することでコストをおさえられます。ただし、賞味期限や使用期限がある材料は、長く置きすぎて廃棄ロスにならないように注意が必要です。使う量を把握し、仕入れた在庫を適切に管理することが大事です。

● 人件費を見直す

人を雇う場合（22ページ）、パソコンのアプリやウェブのサービスなどを活用して業務を効率化したり、忙しい時期やそうでない時期に合わせて人手を増減させたりすれば、人件費をおさえられます。

● 家賃・水道光熱費を節約する

自宅を事務所として活用できる事業なら、家賃を節約することができます。水道光熱費は、使わない照明をこまめに切る、エアコンの温度を適切に保つなど、節電を意識することが大事です。

事業をはじめてすぐにたくさん売り上げるのは難しいから、とくに毎月かかる固定費はおさえたいよね

お店を借りる場合は、「間借り店舗」で小さなスペースだけ、週1日数時間だけ借りる方法もあるよ！

光熱費などは、最初からどれくらい必要かわからないので、少しずつやってみるのがいいかも！

税金について考えておこう

税金って何？

国民には、税金を納める義務（納税の義務）があります。日本には、およそ50種類の税金があり、インフラを維持するための公共事業費、教育のための費用、人びとの健康や暮らしのための社会保障費の一部などに使われます。ここでは、事業にかかわる税金について確認しましょう。

> 個人事業主は、毎年決められた期限内に、確定申告（前年の収入や支出を税務署に申告すること）をしなければいけないんだ。確定申告の結果、所得税や住民税の額が決まるよ

▶個人事業主の場合（おもなもの）

税金の種類	内容	納付期限
所得税	1月1日～12月31日までの1年間に事業で得た所得（収入・売上から経費などを引いた額）に対して課される国税*1	所得が発生した翌年の2月16日～3月15日（休日の場合は翌平日）のあいだ*3
住民税	住んでいる都道府県（個人都道府県民税）、区市町村（個人区市町村民税）に納める地方税*2	4回に分けて納付（一括納付可）（6月30日、8月31日、10月31日、翌年1月31日／休日の場合は翌平日）
個人事業税	法律で定められた70種類の「法定業種」に課税される地方税 業種により税率はことなる	2回に分けて納付（一括納付可）（8月31日、11月30日／休日の場合は翌平日）
消費税	商品の販売やサービスの取引に対して加算される（国税と地方税がある） 基準期間（前々年の1月1日～12月31日）または特定期間（前年の1月1日～6月30日）の売上が1000万円を超えると、消費税の納付義務が生じる場合がある ★消費税はお客さんから受け取った消費税を代わりに納付する「間接税」	翌年の3月31日（休日の場合は翌平日）*3 ※原則、開業2年目までは納付義務が免除されるが、適格請求書発行事業者に登録すると納付義務が生じる ※売上1000万円以下でも、適格請求書発行事業者に登録すると納付義務が生じる

*1 国税：国に納める税金　　*2 地方税：地方公共団体（自治体）に納める税金

▶会社(法人)の場合(おもなもの)

税金の種類	内容	納付期限
法人税	事業で得た利益に対して課される国税	事業年度終了日の翌日から2か月以内*3
地方法人税	法人税の額に応じて課される国税	事業年度終了日の翌日から2か月以内*3
法人住民税	会社所在地の自治体に納める地方税	事業年度終了日の翌日から2か月以内*3
法人事業税	所得などに対して課される地方税	事業年度終了日の翌日から2か月以内*3
消費税	商品の販売やサービスの取引に対して加算される(国税と地方税がある) 基準期間(前々事業年度)または特定期間(前年の事業年度開始の日以後6か月間)の売上が1000万円を超えた法人に納付義務が生じる	課税期間終了日の翌日から2か月以内*3 ※新しく設立した法人は、設立2期目まで納付義務が免除されるが、資本金が1000万円を超える場合などは納付の必要がある ※売上や設立時期に関係なく、適格請求書発行事業者に登録すると納付義務が生じる

従業員がいる場合は会社が従業員に代わって、給与から所得税と住民税を引いて毎月納める必要があるよ

これらの税金をすべて把握するのは難しいので、税務署の窓口や税理士さんなど、専門家に相談しながら進めましょう

※法人・個人事業主どちらの場合も、土地や建物などがある場合にかかる固定資産税、課税文書を作成する場合にかかる印紙税など、状況によってさまざまな税金がかかる

私たちの納めた税金がどのように使われているのか、ニュースや行政機関の広報誌にも注目したいね

起業した翌年以降に多額の税金!

税金によって納める時期はことなりますが、基本的には、起業した年に税金を納めることはありません。その年の税金は翌年に納めることになります。翌年にいくら納税することになりそうか、ある程度予測して準備しておきましょう。

利益は使い切らないで貯金しておかないとね!

*3 一定の条件を満たす法人や個人事業主は、年度の途中の定められた期間内に中間申告と納税をする必要があります(個人事業主の所得税は納税のみ)

インタビュー

私の起業失敗談 ①

新しい価値が生まれる瞬間に立ち合える喜びがある

株式会社 e-lamp.
CEO 山本 愛優美 さん

心臓の動きに合わせて光るイヤリング型デバイス「e-lamp.」（写真の山本さんの右耳に装着）は、「ときめき」を可視化させて相手に心を伝えることができると大人気に。開発した山本さんは、中学生のころからさまざまなプロジェクトの立ち上げにかかわってきました。

🎤 中学2年生で起業という選択肢を知る

私は、中学2年生のときに生徒会長を務めていて、生徒が楽しい学校生活を送るための企画を立てては先生に提案していました。でもあるとき、先生から「生徒会長の器ではない」といわれたんです。くやしくて悲しくて、学校以外にエネルギーをぶつけるものがほしいと思っていたときに、『銀の匙 Silver Spoon』というマンガを読みました。舞台は私の地元である北海道帯広市で、主人公は高校生で起業します。こんなローカルな町でも起業できるんだと気付きました。

両親が「とかち・イノベーション・プログラム」という新事業創造支援プログラムを見つけてくれて、当時関心があった教育や地域活性化をテーマに事業プランをつくるなどしました。高校では、高校生のデータを集めてマーケティング会社と連携したり、イベントを開催したりするなど熱中しました。あまりに熱中しすぎて、イベントが終わったときには虚無感におそわれたくらいです。その経験が、自分が本当にしたいことは何かを考えるきっかけにもなりました。

プロフィール ● 中学3年生から4つの学生団体を立ち上げ、高校生で起業。大学1年生の2019年にシミュレーションゲーム「Smart Kiss」の開発に着手。大学4年生のときに、ときめきを可視化するデバイス「e-lamp.」を開発し、株式会社 e-lamp. を設立。

熱中した事業を中止に。けれど挫折ではない

自分は何をしたいのかと考えるなかで、今の事業につながる「ときめき」というキーワードを思いつき、大学で恋愛×教育ゲーム「Smart Kiss」の開発に着手しますが、約10か月で開発を中止します。ゲーム開発は何年もかけて行うもので、膨大な資金が必要ですが、大学生の私に資金はありません。また、日本のシミュレーションゲームの市場はせまく、多展開も難しい。そんなときにメンバーから辞めたいといわれ、一旦区切りをつけました。

当時は挫折感を味わいましたが、今は挫折とは思っていません。自分が熱中したことに対して周囲の人がときめいている姿を見て、新しい価値をつくるというのは、こういうことなんだと実感できました。

その後、大学で専攻していた数理心理学の理論をもとに「e-lamp.」を思いつき、大学4年生のときに高校生以来2度目の起業をします。一度失敗や挫折を経験しても、再チャレンジできる社会であってほしいという思いがあったからです。

やりたいことには、もっと気軽に挑戦を

現在も大学院で研究を続けながら、研究成果を事業に反映しています。法人化したのは、大学発スタートアップを対象とした助成金制度などが充実しているからです。支援を受けられる機会が多いのは法人化のメリットだと思います。

起業しようと身がまえるのではなく、やりたいことにはもっと気軽に挑戦してほしいですね。気軽にチャレンジして自分に合っていれば続けて、向いていなかったらちがう仕事をすればいい。そのくり返しで、生き方を少しずつ自分に合った方向にみがいていけばいいと思います。失敗しても何度でもやり直せるので。

失敗に負けない！起業のポイント

- 起業に必要なのは、「気合」と「根性」と「愛嬌」！
- 続けることでしか得られない信頼がある。継続は大事！

会社のなかの組織を見てみよう

会社にはどんな組織がある？

人を雇っている会社では、所属する人たちが協力して事業を行っています。一人で経営に関するすべての仕事を完璧にこなすのは大変ですが、たくさんの人が集まれば、それぞれの得意分野を生かしながらチームで活躍できます。

では、一般的な会社には、どんな組織があるのか見てみましょう。ここでは、オリジナルのカードゲームを商品化する会社を例に考えてみましょう。

● 会社の組織の一例　※会社によって、呼び名や仕事内容はことなります

企画開発部
- このゲームの価値（学びがある、コミュニケーションツールになるなどのコンセプト）、メインターゲットを決める。
- ゲームの基本ルールを定めて試作し、テストプレイを行う。改善点を見つけ、ブラッシュアップする。
- 材料費などから商品のコストを検討する。
- 商品が売れたら、お客さんの声を集め、今後の商品開発や改善に生かす。

製造部
- 予算に合わせて、材料の選定や仕入れをする。
- 商品の製造や品質チェックをする。
※外部の製造会社に委託することもあります

営業部
- お店に商品の魅力をアピールし、販売契約を結んでもらうよう交渉する。
- お店での商品の展示方法や説明方法などの売り方を考える。
- 販売価格を決めて、お店に商品を納品する。

デザイン部
- アイテムのデザインや、パッケージデザインなどを行う。
※外部のデザイン会社に委託することもあります

広報部
- 商品の魅力をアピールし、たくさんの人に知ってもらえるよう、新聞や雑誌、テレビ、ウェブメディアなどに広告を出す。
- 販売促進のキャンペーンやイベントを企画・実行する。

経理部
- 商品の売上や原価などを計算し、入出金を管理する。
- 請求書や伝票の作成、社員の給与の支払い、税金の計算など、会社に関係するお金を管理する。

「一つの商品をつくって売るために、いろいろな部署がかかわっているんだね」

「個人事業主や人数の少ない会社では、これら全部を一人や数人でやっているのね」

●ほかにもある会社の組織（例）

総務部
備品や消耗品などの管理、文書管理、社内行事の企画・運営など、会社組織全体がスムーズに動くようにする部署。

人事部
社員の採用や、労働時間・給与・社会保険手続きなどの管理、社員一人ひとりの業務・能力の評価などを行う部署。

経営企画部
これからの会社の経営方針を考え、プランを立てて実行する部署。

法務部
契約など、法律に関する業務を行う部署。

「ほかにも、会社によってはIT（情報技術）などを管理する情報システム部など、いろいろな組織があるよ！」

会社経営の意思決定をする「取締役」

会社法という法律により、株式会社は「取締役」を一人以上置かなければなりません。取締役は経営の監督・意思決定をする人で、規模の大きい会社では複数人いるのが一般的です。

複数人いる取締役のなかで、トップの最高責任者を「代表取締役」といい、一般的には社長や会長と呼ばれる人がになります（例外もあります）。

会社設立後に必要なこと

会社経営では定期的に行うべきことがある

会社を設立したあとも、正しく運営していくために定期的に行わなければならない大切な仕事がたくさんあります。

会社で事業を行うためには、法律で定められたルールを守り、お金の出入りをしっかり管理する必要があります。会社経営に欠かせない大事な仕事について見てみましょう。

会社経営において大事な仕事

● 収支管理

会社の経営状況を把握するために、会社に入ってくるお金（売上）や出ていくお金（コスト）を、月ごとや半年ごと、1年ごとなどに集計してまとめ、お金の流れを管理する「帳簿」をつくります。その結果報告を「決算」といいます。

● 決算書の作成

株式会社の場合、会社法によって最低1年に1回の決算が義務づけられています。収支管理の内容をもとに、1年間の売上、コスト、利益がいくらになったかを計算して「決算書」を作成します。決算業務が終わったら、それをもとに法人税や消費税など、納税額を計算して帳簿をつけます。

● 株主総会

株式会社の場合、会社の重要な事柄を最終決定する「株主総会」の開催が、会社法で義務づけられています。このとき決算書や納税額などのお金に関することも報告し、株主の承認を受ける必要があります。

● 納税

法人税や消費税などの税金を納めます（12ページ）。税金の額を税務署に申告したり、納税をしたりする期限は法律で定められていて、期限を破ると延滞税などのペナルティがあります。

● 法令遵守のチェック

「法令遵守」とは、企業や個人が、社会で決められた法律・条令・規則などのルールを守ることです。違反をすると、たとえそれが違反になることを知らなかったとしても、行政指導を受けたり、営業ができなくなったりします。また、場合によっては刑事処分を受けることもあります。

法律などは常に改正されているので、最新の情報をチェックして、定期的に見直すようにしましょう。

▶法令違反となる可能性のある例

- 運営する飲食店で食中毒発生
- パワハラ（パワーハラスメントの略で、社内で地位の高い人などが、部下などに不適切な精神的・身体的苦痛を与える行為）
- セクハラ（セクシャルハラスメントの略で、部下などに性的な言動をしたり、それを拒絶した人に解雇などの不利益を与えたりすること）
- 顧客の個人情報データの紛失・流出
- 販売する食品の産地偽装や賞味期限の改ざん
- SNSでの不適切な投稿

税金の申告や納税をおこたると、本来払う税金に追加して払わなければならないんだって！

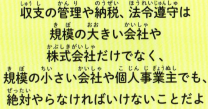

収支の管理や納税、法令遵守は規模の大きい会社や株式会社だけでなく、規模の小さい会社や個人事業主でも、絶対やらなければいけないことだよ

知らないうちに法令違反なんてことにならないように、ちゃんと勉強しておかなきゃ！

経営について学んでおこう

経営はどこで学べばいい？

経営についての知識や資格がなくても起業をすることはできますが、ある程度は学んでおくほうが安心です。

本やインターネットからでも知識は得られますが、できれば人と交流できる場所で学ぶのがおすすめです。幅広い知識が得られるだけでなく、経営者同士のネットワークを広げ、新たなアイデアやビジネスパートナーを得ることにもつながります。

ただし、言葉たくみにうまい話をもちかけて、金品をだまし取ったり、犯罪に巻き込んだりする人もいるので注意しましょう。

● 経営について学べる場所

● 大学や専門学校

大学には、会社経営について学べる経営学部、経済学部、商学部などの学問分野があります。また、ビジネス系のコースのある専門学校でも経営について学べます。

● 商工会議所や青年会議所

地域の商工会議所や青年会議所では、経営者向けの勉強会やセミナーが開催されていて、地域の企業の経営者と交流しながら、実際のビジネスについて学べます。

● 経営塾やビジネススクール

経営者をめざす人のための経営塾やビジネススクールもあります。実際の経営者から直接指導を受けられ、経営の実践的なノウハウを学べます。

例

● 東京都の支援事業「小中学生起業家教育プログラム」
https://kigyouka-kyouiku.metro.tokyo.lg.jp/

● 【民間】スタートアップポップコーン株式会社
「起業家教育プログラム」（小中高生向け）
https://startuppopcorn.jp/　　※さまざまな自治体で導入事例あり

仕事上のトラブルに注意

経営にはトラブルが付きもの。お金のやり取りが発生するため、お金に関するトラブルが多くなります。予想できるトラブルをチェックし、事前に備えておきましょう。

★ お金に関するトラブル

「約束した金額を支払ってもらえない」「あとから値下げを要求される」など、報酬に関するトラブルがよく起こります。必ず事前に依頼書や契約書を交わして、料金や支払い方法を決めておきましょう。

> **相談窓口の例**
> 厚生労働省
> **「フリーランス・トラブル110番」**
> https://freelance110.mhlw.go.jp/

★ 接客に関するトラブル

商品やサービスに不備や不具合があり、クレームが発生することがあります。ときには、不当ないいがかりや要求、暴力といった「カスタマーハラスメント」の被害を受けることもあります。一人で対応せず、身近な大人に相談しましょう。オンラインの相談窓口もあります。

> **相談窓口の例**
> 厚生労働省
> **「ハラスメント悩み相談室」**
> https://harasu-soudan.mhlw.go.jp/

★ 詐欺トラブル

「かんたんにもうかる方法がある」「いい投資話がある」など、うまい話を持ちかけられることがありますが、このような話には必ずウラがあります。かんたんに契約に応じたり、個人情報を教えたりしてはいけません。個人であれば、契約後8日以内に契約を取り消せる「クーリングオフ」がありますが、個人事業主や会社には適用されません（例外もあります）。

このような話を持ちかけられたら、必ず大人や相談窓口に相談しましょう。

> **相談窓口の例**
> 日本弁護士連合会
> **「ひまわりほっとダイヤル」**
> 電話番号：0570-001-240
> ※電話をかけた地域の弁護士会の専用窓口につながり、折り返しで弁護士と面談予約ができます

トラブルなど何かこまったことが起きたら、**一人で悩まないで**必ず大人や専門家に**相談してね。**それが楽しく安全に事業を続けるコツだよ！

人材を集めよう

人を雇う心がまえ

起業して、会社を続けていると、人を雇う必要が出てくるときが来るかもしれません。そのときに、必ず心に留めておいてほしいのが、人の人生をあずかっている自覚を持つということです。

会社に雇われて働いている人は、会社から支払われる給与から家賃や食費を払ったり、家族をやしなったりして生活しています。会社は、その人の人生だけでなく、家族の人生、幸せにも関係しているのです。

また、人が働く目的は生活のためだけではありません。何か成しとげたい夢や目標があって、その会社、その仕事を選んで働いています。人を雇うなら、事業にかける思いと同じくらいの気持ちで、いっしょに働く仲間のことを考えましょう。

人生の大切な時間を僕の会社で過ごしてもらうんだ。責任は重いな……

人を雇って働いてもらう対価として給与を払う。これは大切な約束なんだ

働いてくれる人のためにも、会社の売上をのばして成長させたいね

役割に合わせた人材を集める

人を雇うときは、会社やチームに"今"必要な人を探すことが大切です。

まず、会社にどんな役割が不足しているか考え、その役割に合う得意分野を持つ人材を見つけましょう。

会社ではチームワークが重要です。一人ひとりの得意なことを生かし、適材適所で役割分担をして、会社で働くみんながパフォーマンスを最大限に発揮できるように、職場環境を整えましょう。

▶ **必要な人材とは？**
（パン屋さんを例に）

代表
- お店の経営、管理
- お店のコンセプトの確立
- 新商品のアイデア出し・開発
- 店舗でのパンの製造
- SNSでの宣伝
- 売れ筋のリサーチ　など

従業員*
- お金の管理
- 材料の仕入れ
- お店の衛生管理
- レジへの商品価格の入力（登録）
- 接客やレジ打ち

新たに必要となる人材
※代表や従業員をサポートする存在として
- 接客やレジ打ち
- 商品陳列
- 製造補助
- 店内のそうじ
- 将来的に、新商品のアイデア出しやSNSでの宣伝なども

＊いろいろな雇用の種類（26ページ）があります

笑顔で接客できる人がいいなあ

そうだね。役割に合った性格や人柄も人材を選ぶうえで大事なポイントだよ

働きやすい環境をつくろう

働く人のモチベーションとは？

個人事業主でも会社でも、いっしょに仕事をする仲間の存在はかけがえのないものです。もし、会社をはじめて人を雇う必要が出てきたら、会社に必要な人材を集める前に、働く環境について考えてみましょう。

「自分の仕事が誰かの役に立っている」「自分の意見が尊重されている」「適正な賃金が支払われている」「適正な労働時間で働けている」など、人は安心して働ける場所があってはじめて、働く意欲（モチベーション）を高めることができます。どんなにいいアイデアや商品も、それを形にする人があってこそです。

みんなで同じ目標に向かって進むためには、まずいっしょに働いてくれる仲間のモチベーションを大切にしましょう。

それには、人を雇う経営者側が、年間の目標や計画をきっちり立て、それが無理なく進められていくことが大事になります。その目標に無理があれば、周囲のモチベーションも上がりません。仲間が一丸となって、一つの目標に向かって進んでいくことで、会社にとっても、働く人にとっても「いい職場」となるでしょう。

●モチベーションを高めるポイント（例）

● **評価していることを伝える**
働いた成果やがんばりを日ごろからチェックして、賃金や表彰など具体的な形で評価を示しましょう。

● **成長できる**
新しいことにチャレンジできる機会を用意することで、人はやる気を出します。

● **働きやすい環境づくり**
「残業をなくす」「休みを取りやすくする」「在宅勤務を取り入れる」など、一人ひとりの都合に合わせて柔軟な働き方ができる環境づくりが大事です。

● **役に立っていると実感できる**
今取り組んでいる仕事がどんなふうに人の役に立っているか、社内で共有しましょう。

> 私はお客さんに喜んでもらえたらすごくうれしい！

> 新しいことにチャレンジできるようになると、もっとがんばりたくなるよね

ES（従業員満足度）とは？

ES（Employee Satisfaction：従業員満足度）は、働く人がどれだけ会社や仕事に満足しているかを表す指標で、社員へのアンケートをもとに集計されます。近年では、多くの会社がESを向上させるための取り組みを進めています。

ESには、給与や休暇などの待遇だけでなく、職場の人間関係、成長できる機会、仕事のやりがいなど、さまざまな要素がふくまれます。ESが高ければ働く人の満足度が高いということなので、離職率（入社後一定期間内に会社を辞める人の割合）が下がることが期待できます。つまり、会社の成長には欠かせない要素なのです。

日ごろからいっしょに働く仲間の声に耳をかたむけることで、よりよい職場環境をつくることができます。

> ESの調査を行っている会社はたくさんあるよ。いっしょに働く仲間のモチベーションを把握して、もっといい環境にしていくことが、事業を進めるうえで大事なんだ

▶アンケートの例

☐ 今の仕事は楽しいですか？
☐ 自分の仕事が人の役に立っていると感じますか？
☐ 職場の人たちと仲よく働けていますか？
☐ 職場に、困ったときに相談できる人はいますか？
☐ 新しいことを学べていますか？
☐ やりたい仕事を任せてもらえていますか？
☐ 成長を感じていますか？
☐ 休みはしっかりとれていますか？
☐ 会社の将来に期待していますか？
☐ これからもこの会社で働き続けたいと思いますか？

※☐に、5：そう思う（満足）、
4：ややそう思う（やや満足）、3：普通、
2：ややそう思わない（やや不満）、
1：そう思わない（不満）で点数をつける。

いろいろな働き方を知ろう

もし人を雇うことになった場合、人材を集める前に、一般的な会社にはどんな働き方があるか、調べておこう！

会社での働き方いろいろ

● 正社員

雇用主（会社）と労働契約をむすび、雇用期間を定めずに（定年まで）働くことができる社員のことです。基本的にはフルタイム（1日8時間、週40時間以内）で働きます。

● 派遣社員

人材派遣会社と労働契約をむすんで雇用され、人材派遣会社から派遣された会社で働きます。派遣社員が同じ職場（部署）で働けるのは、原則として最長3年間です。

● 契約社員、期間社員

雇用主（会社）と労働契約をむすび、一定の雇用期間を決めて働く社員のことです。雇用期間が終われば労働契約は終了します。原則として最長3年間、同じ会社で働くことができ、契約を更新することもできます。基本的にはフルタイムで働きます。

● 短時間労働者

フルタイムの正社員と比べて、原則として1週間の労働時間が短い労働者のこと。多くのパートタイマーやアルバイトがこれに当たります。

最近では、専門知識やスキルを持ったボランティアの人（プロボノ）と、仕事を手伝ってほしい人や会社をマッチングするサービスもあるんだって

派遣社員や契約社員、パートタイマー、アルバイトなどの非正規雇用は、あつかい方が法律で細かく規定されているよ。社内でルール（就業規則）を定めておくことが大事だね

柔軟な働き方

働く人の都合や会社の状況に合わせて、いろいろな働き方が選べる会社もあります。

たとえば、忙しい時期とひまな時期に差がある仕事の場合、「変形労働時間制」といって、週や月、年単位で全体の労働時間を決め、その時期の状況に合わせて、労働時間の長さを調整できる働き方があります。

また、変形労働時間制には、定められた労働時間内で働く人が始業・終業時間を自由に決められる「フレックスタイム制」などがあります。

そのほかの働き方（勤務形態）

● 時短勤務

正社員でも、通常より短い勤務時間にする働き方。「育児短時間勤務制度」の場合、子どもが3歳になるまで、1日の労働時間を6時間とすることができる（その分給与は減る）。

● 裁量労働制

与えられた業務をこなせば、実際の労働時間ではなく、会社と労働者とのあいだで決めた時間を働いたものとみなす働き方。労働時間の配分などを、労働者自身で決めることができる＊。

● テレワーク

会社に行かず、自宅やサテライトオフィスなど会社から離れた場所で仕事をする働き方。

＊裁量労働制を採用できない業種もあります

インターンシップって何？

インターンシップとは、就職する前の学生が、企業などで実際に働く体験ができる制度です。アルバイトとちがうのは、お金を稼ぐのが目的ではないということです。

会社での仕事がどのようなものか体験して理解したり、自分のやりたいこととその会社でできる仕事がマッチしているかを確かめたりできます（すべての会社にある制度ではありません）。

会社としては、入社前に短期間仕事を体験してもらうことで、入社後のミスマッチをふせげるメリットがあるんだよ

人件費はどのくらいかかる？

人件費って何？

会社で人を雇う場合に、会社が負担する費用（コスト）を「人件費」といいます。人を雇うと、基本給（給料）以外にさまざまな費用がかかります。どんなものがあるのか見てみましょう。

● 基本給（給料）

年齢や能力などによって決められた、給与*のベースとなる賃金で、原則として毎月決まった金額です。

● 手当

決められた勤務時間を超えて働いたとき（残業）の「時間外手当」や休みの日に出勤したときの「休日出勤手当」のほか、会社での役職に応じて支給される「役職手当」、仕事で役立つ特定の資格を持つ従業員（労働者）に支給される「資格手当」など、会社によってさまざまな手当が用意されています。

● 賞与

会社の業績によって、毎月の給与とは別に支給される報酬で、一般に「ボーナス」と呼ばれます。夏と冬の年2回に分けて支給されることが多いのですが、回数や金額、また支給されるかどうかは会社によってことなります。

> ちなみに、公務員のボーナスは民間企業の給与調査にもとづいて、その水準に合わせて決められるよ。2024年の国家公務員（一般職）のボーナスは、年間で毎月の給与平均の約4.6か月分だったんだ

*給与：基本給に手当、賞与などを加えたもの

🟢 福利厚生費

従業員の健康を守ったり、働くモチベーションを高めたりするために使われる費用です。おもに、次のようなものがあります。

🟠 法定福利費

労働者が病気やけがで治療が必要になったときや働けなくなったとき、定年退職したあとのために、健康保険や労災保険、厚生年金保険などの社会保険、労働保険があり、その保険料の全額あるいは一部を会社が負担します。

🟠 法定外福利費

通勤するときの交通費や健康診断、社員旅行費、オフィスのお茶やコーヒー代、従業員や家族の結婚やお葬式のための慶弔見舞金、会社が家賃の一部を負担する住宅手当、配偶者や子どもがいる場合に支給される家族手当などがあります。法定外福利費の内容は会社によってちがいます。

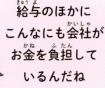

給与のほかにこんなにも会社がお金を負担しているんだね

保険料は会社と労働者が負担

健康保険と厚生年金保険は、すべての法人事業所と、従業員（労働者）が常に5人以上いる個人事業所（一部の業種はのぞく）に加入が義務づけられています。パートタイマーやアルバイトなどの場合も、一定の条件にあてはまる人は対象となります。

加入するのは会社ですが、保険料は労働者も一部を負担しなければならず、一般的には会社が給与から差し引いて、代わりに納めます。

つまり給与明細では見えないお金も会社が払っているんだね

会社と労働者が半分ずつ負担する保険料
- 健康保険料
- 介護保険料（40〜64歳の人）
- 厚生年金保険料

会社が全額負担する保険料
- 労災保険料（仕事中の事故やけがにそなえる保険）

業種によって負担割合がことなる保険料
- 雇用保険料（労働者が失業したり、働くことができなくなったりしたときにそなえる保険）

労働者に関する法律を知っておこう

労働三法って何？

労働者を守るための法律はたくさんありますが、なかでも古くからある「労働基準法」「労働組合法」「労働関係調整法」は労働者の権利を守るための基本的な法律で、労働者を雇っている会社は必ず守らなければなりません。

人を雇う場合だけでなく、自分が雇われる立場になった場合にも役立つので、知っておきましょう。

● 労働基準法

労働者が安心して働くための法律です。1日何時間まで働いていいか、休みは何日以上必要か、給与をどのような形で払わなければいけないかなど、最低限のルールが決められています。ほかにも、残業（時間外労働）や有給休暇（給与が発生する休暇）などについても定められています。

● 労働関係調整法

会社と労働者のあいだで意見がちがうときに、平和的に解決するためのルールを定めた法律です。当事者間での解決が難しいときは、国や自治体が設置する「労働委員会」が、あいだに入って仲をとりもち、おたがいが納得できる解決方法を見つけます。

● 労働組合法

労働者たちが「労働組合」というグループをつくって、会社と話し合いをするといった、給与や働く環境をよくしていくための活動について定めた法律です。一人ではいいにくいことでも、仲間といっしょなら会社に相談しやすくなります。労働組合をつくることはこの法律で保護されていて、会社はこれをじゃましてはいけません。また、労働組合としての要件を満たしていれば、原則として会社は組合との交渉に応じなければなりません。

なるほど！
法律があるからみんな安心して働けるんだね！

雇用契約書を交わすのはなぜ？

雇用契約書は、会社が労働者を雇うときに作成する書類で、働く期間や仕事内容、給与など、労働条件に関することが書かれています。雇用契約書の作成は法律で定められた義務ではありませんが、労働条件を明確にし、おたがいが納得したうえで契約書を交わすことで、トラブルをふせぐことができます。

ちなみに、これと似た書類に「労働条件通知書」があります。同じように労働条件を記載した書類ですが、これは労働者に通知する義務が労働基準法で定められています。

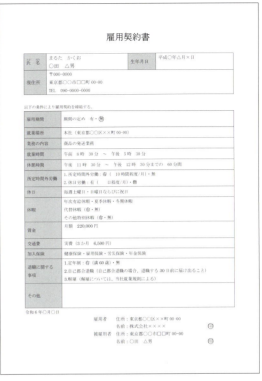

雇用契約書の一例

安心して働いてもらうための環境づくりに必要な書類だよ！

もしもトラブルになったら

もし会社のなかでパワハラやセクハラ（19ページ）、労働条件に関する意見の食いちがいといったトラブルが発生したら、当事者の話をよく聞くことが大切です。セクハラやパワハラの場合、当事者は精神的な傷を負っていることが考えられます。外部の専門家に相談することも考えましょう。

個人事業主にかかわる法律

個人事業主は、お客さん（発注主）よりも立場が弱いことが多く、不当なあつかいを受けることもあります。そういう状況から個人事業主を守るため、「下請法」や「フリーランス・事業者間取引適正化等法」などの法律があります。

「ストライキ」って聞いたことがあるかな？　労働者が労働条件の改善をのぞんでも話がまとまらないとき、最後の手段として労働組合に所属している人たちが団結して、「働かないこと」で会社に抗議して、交渉を進めることをいうんだ

31

インタビュー　私の起業失敗談 ②

どんなときでも経験が武器になる。むだなことは何もない

株式会社 FabU
代表取締役　佐々木 誠さん

大学生のネットワークを生かして、低コストかつ高品質のサービスを提供したいと会社を立ち上げた佐々木さん。3年半で廃業し、会社員として働いたあと、もう一度自分の会社を設立しました。2度の起業で学んだことは何でしょうか。

お金を生み出す仕組みをつくる側に立ちたい

高校時代にバンド活動をしていて、インディーズで曲を出すこともできました。しかし、ライブをやっても収入にはならず、活動を続けるにはお金がかかります。いくらがんばってもお金にならないつらさを経験し、自分がお金を生み出す仕組みをつくる経営者になりたいと思うようになりました。高校2年生のときにバンドを解散することになったので、まずは大学に入って経済などを勉強して起業しようと決めました。

大学3年生になり、周囲が就職活動をはじめるなかで、今こそ起業に挑戦するときだと一念発起し、ホームページの制作などを行う会社を立ち上げることにしました。IT関連で起業するのなら、チャンスや人脈をつかみやすい環境がよいと考え、東京に拠点を置きました。

当時は学生起業家がめずらしく、注目されたこともあり、仕事をいくつも抱えるようになりました。大学のある広島と事務所のある東京のあいだを、夜行バスで週に2～3回往復する忙しい日々がはじまったのです。

プロフィール●大学3年生のときに会社を設立。廃業後の2013年4月にインターネット広告代理店事業を展開する企業に入社。その後、株式会社FabUを設立。NPO法人広島経済活性化推進倶楽部の理事も務める。

経営者としての経験が、就職先で生かされた

依頼されると、どんな仕事でも「やります！」と、自分たちの対応力を考えずに即答していました。努力すれば何でもできると思っていたのですが、手がける事業が増えていくと、仕事が回らないだけでなく、仕事量の割に利益が上がらなくなったのです。

事業計画書などをつくって経営にも正面から向き合わなければいけなかったのですが、当時の私は数字が苦手で、難しいことから逃げていたのだと思います。起業から3年目に入るころ、メンバーが辞めていきました。これ以上続けることはできないと判断して、会社をたたむ決心をしたのです。

ただ、起業したという経験を、その後の就職活動で評価してもらえることがありました。就職した会社では私の経験を生かした新規事業の開拓など、やりがいのある仕事も任せてもらいましたし、多くの経験のおかげで、失敗を恐れずに挑戦できたと思います。

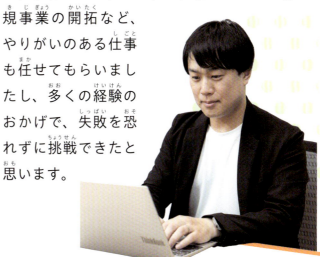

たくさん行動したから、今がある

現在は、人生で2度目の起業を行い、ウェブマーケティングの支援と経営支援を行う会社を経営しています。どんな仕事を誰といっしょにやるのか、働き方や時間の使い方も自分で決められる経営者になることには、大きな責任がともないますが、そのぶんやりがいも大きいと感じています。

やりたいことがあるなら、なるべく早く行動する。それがチャンスをつかむ可能性を高めます。うまくいかなくても、軌道修正する時間は十分にあります。思い悩んで立ち止まるくらいなら行動すべきだし、失敗も貴重な経験で今に生かされています。何一つむだにはなっていません。

失敗に負けない！起業のポイント
- 基盤となる事業をしっかり育てたうえで、事業展開をしよう！
- お金のことをちゃんと考え、経営は計画的に！

起業から今までをふり返ろう

ステップアップにはふり返りが大事

あるプロジェクトが一段落したタイミングや、半年ごと、1年ごとなど、定期的に今まで取り組んできたことをふり返ってみましょう。

事業が軌道にのると毎日が忙しくなり、ふり返りがおろそかになりがちですが、さらにステップアップするためには、過去を見直して改善点や反省点を見つけ、今後に生かしていくことが大事です。

これからも利益を上げられる？

事業を長く続けていくには、利益を出し続けなければなりません。材料費や人件費などのコストを引いても黒字になっているか、無駄なコストはなかったか、季節によって売上の変動はないか、競合するお店や会社は増えていないかなど、データをまとめて分析してみましょう。

それらをもとに、必要に応じて商品やサービスの価格を見直したり、新しい商品やサービスを考えたりすることも大切です。

今年はうまくいったとして、来年もっと利益を上げるにはどうしたらいいのかな？

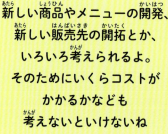

新しい商品やメニューの開発、新しい販売先の開拓とか、いろいろ考えられるよ。そのためにいくらコストがかかるかなども考えないといけないね

社会貢献はできている？

お客さんが喜んでくれているか、誰かの役に立てているか、地球環境に優しい事業内容になっているかなど、事業をとおして社会のために行動できたかどうか考えてみましょう。

たとえば、お客さんにアンケートを取ったり、感想を聞いたりするのも一つの方法です。

「人の役に立つ仕事をしている」という実感は、事業を続けていく大きなモチベーションにもなるはずです。

利益だけじゃなく、誰かの笑顔も大事な成果なんだね！

企業に求められるサステナビリティとは？

「サステナビリティ（Sustainability）」とは、日本語にすると「持続可能性」です。私たちが暮らす世界の環境・経済・社会といった観点から、どうすれば持続的に発展していくことができるかを考え、実現をめざすことです。

サステナビリティの実現のため、世界共通の目標として掲げられているのが、2015年に行われた国連サミットで採択された「SDGs（Sustainable Development Goals：持続可能な開発目標）」です。17のゴールが2030年までに達成すべき目標として示されていますが、未来は2030年の先も続いていきます。環境汚染、貧困、飢餓、差別、戦争……これらの問題は遠い世界の話ではなく、私たちの生活のすぐそばにある問題です。

会社が事業を行うためには人、資源、土地が必要ですが、これらは企業の持ち物ではなく、「社会からの借りもの・あずかりもの」です。会社には、借りたものをもっといい状態に保つ責任があるでしょう。借りたものを未来に引き継いでいくためにできることを考えてみましょう。

会社は社会を構成する一部で、お客さんや従業員、取引先、いろんな人とのつながりで成り立っていることを忘れないようにね

事業の今後を考えよう

起業した人自身のメンタルケア

事業のこれまでをふり返ったタイミングで、一度自分自身のことについても考えてみましょう。

起業して一から事業に取り組むというのは、大きなやりがいがある一方で、ストレスもともないます。「事業はうまくいくだろうか」「商品やサービスはお客さんに喜ばれるだろうか」といった不安がつきまとい、ときには失敗したり、困難に直面したりすることもあるでしょう。

そんなときは一人で問題を抱えこまず、信頼できる仲間や家族に相談したり、息ぬきをしたりして、体と心をゆっくり休めることが大切です。心身が健康であってこそ、楽しく事業に向き合うことができます。

将来的に事業が維持できる？

事業を長く続けていくには、無理のない計画を立てることが大切です。たとえば、若いうちに起業するなら学業との両立ができているか、資金的・体力的に続けることができそうか、などについてもよく考えてみましょう。

もし、今後事業を続けていくのが難しそうだと思ったら、必要に応じて事業の規模を縮小したり、一度事業をストップして休業期間を設けたりするのも、事業を無理なく続ける一つの方法です。

たしかに、学生のうちに海外に留学したいと思っているから、事業が続けられないかもしれないよね……

そうね。進学や留学は、子どものうちに起業をした人の多くが考えることなんだ。若いあいだはいろいろとやりたいことが出てくるよね。将来についてじっくり考えて、それで事業をやめるという選択をすることは、けっして悪いことではないよ

事業承継・廃業を検討する

事業の今後について考えるなかで、「もう続けられない」と思うことがあるかもしれませんが、それは悪いことではありません。事業に取り組むうちに新しく興味を持った道に進みたくなることや、進学のための勉強で忙しくなることもあるでしょう。

そんなときは、思い切って事業を終わらせて廃業する、または信頼できる人に事業を託す（事業承継）という方法もあります。「廃業＝業績悪化」というイメージがありますが、近年は経営者の高齢化や後継者不足による自主廃業も多くあります。廃業する場合、個人事業主は税務署に廃業届を提出するなどし、法人は解散や清算の手続きをします。事業承継には、下記のような方法があります。

もちろん、いっしょに働く仲間や取引先、お客さんなど、関係者の理解を得られるように説明をすることも必要です。

事業承継や廃業を選んだからといって、事業が失敗に終わったということではありません。岐路に立ったとき、どの道に進むか真剣に考えて答えを出すことは大事です。そして、起業して経験したことは今後の大きな財産になるはずです。

> 同じ思いを持つ人が事業をもっと発展させてくれたらうれしいなあ

● 事業承継のいろいろな形

● 家族への承継
経営者が自分の家族などに事業を引き継ぐ方法。会社の内外から理解を得られやすいメリットがあります。

● 従業員への承継
会社の役員や従業員に引き継ぐ方法。後継者の選択肢が多く、今までの社風や仕事のやり方をそのまま引き継げるメリットがあります。

● M&A
M&A（Mergers and Acquisitions：企業の合併・買収）とは、二つ以上の会社が一つになる「合併」や、ある会社が別の会社を買う「買収」のことです。会社を第三者に託すことで、その会社の考え方やノウハウをもとに事業がもっといい方向に発展する可能性もあります。

> 会社の経営を親から子へ代々引き継ぐ方法はよくある形だったけど、最近は後継者不足で少なくなっているよ

やっぱり起業したい！

さくいん

あ

ES（従業員満足度）	25
インターンシップ	27
営業部	16
M&A	37

か

株主総会	19
企画開発部	16
期間社員	26
基本給（給料）	28
給与	6,13,17,22,25,27,28,29,30,31
経営企画部	17
契約社員	26
経理部	17
決算（書）	18,19
原価	6,7,10,11,17
広告宣伝費	6,10
広報部	17
個人事業税	12
個人事業主	12,13,17,19,21,24,31,37
コスト	6,7,9,10,11,16,18,28,34
雇用契約書	31

さ

裁量労働制	27
サステナビリティ	35
事業承継	37
時短勤務	27
収支管理	18
住民税	12,13
消費税	12,13,18,19
賞与（ボーナス）	10,28
所得税	12,13

人件費

人件費	6,7,10,11,28,34
人材	22,23,24,26
人事部	17
水道光熱費	6,10,11
税金	6,12,13,17,19
正社員	26,27
製造部	16
設備費	10
総務部	17

た

短時間労働者	26
地方法人税	13
通信費	10
手当	10,28
デザイン部	16
テレワーク	27
取締役	17

なは

納税（額）	12,13,18,19
派遣社員	26
非営利組織	7
福利厚生費	29
法人事業税	13
法人住民税	13
法人税	13,18,19
法務部	17
法令遵守	19
保険料	29

やら

家賃	6,10,11,22,29
利益	5,6,7,8,9,10,11,13,18,33,34,35
労働関係調整法	30
労働基準法	30
労働組合法	30

◆監修 藤川大祐（ふじかわ・だいすけ）

千葉大学教育学部長・教授（教育方法学、授業実践開発）。東京大学大学院教育学研究科博士課程単位取得満期退学。メディアリテラシー教育やキャリア教育、起業家教育、企業との連携授業などさまざまな分野で新しい授業実践や教材の開発に取り組む。NPO法人企業教育研究会理事長、NPO法人全国教室ディベート連盟理事長等も務める。

◆監修協力 小牧 瞳（こまき・ひとみ）

千葉大学学術研究・イノベーション推進機構（IMO）スタートアップ・ラボ　リサーチ・アドミニストレーター（URA）。

マンガ・イラスト ●	イグアナ大佐
撮影 ●	鈴木智博
取材・文 ●	吉川ゆこ、東 滋実／澤野誠人（株式会社ワード）
ブックデザイン ●	佐藤紀久子（株式会社ワード）
制作協力 ●	株式会社ワード

参考資料

『図解 知識ゼロからはじめる起業の本』中野裕哲・監修（ソシム）
『起業をするならこの1冊　第6版』馬渡 晃・著、吉田杉明・法律監修（自由国民社）
『学校では教えてくれない 稼ぐ力の身につけ方』小幡和輝・著、若林杏樹・マンガ（小学館）
（ホームページ）文部科学省、経済産業省、総務省統計局、東京商工会議所、中小企業庁、読売新聞オンライン、三井住友銀行、ディスプレイ、創業手帳、弥生、クレディセゾン、石川玩具、ニトリ、アルー、日本生命保険、マイナビ、フリー、日本労働組合総連合会、PHP研究所

起業でつくるジブンの仕事

❸ 会社経営ってどうやるの？

2025年3月　初版第1刷発行

監修者　藤川大祐
発行者　三谷 光
発行所　株式会社汐文社
　　　　〒102-0071　東京都千代田区富士見1-6-1
　　　　電話 03-6862-5200　ファックス 03-6862-5202
　　　　URL https://www.choubunsha.com
印　刷　新星社西川印刷株式会社
製　本　東京美術紙工協業組合

ISBN978-4-8113-3152-2　NDC335
乱丁・落丁本はお取り替えいたします。
ご意見・ご感想は read@choubunsha.com までお寄せください。

監修 藤川大祐（千葉大学教育学部長・教授）

全3巻

1 子ども・若者起業家に聞いてみた

2 会社を設立したい！

3 会社経営ってどうやるの？

●NDC335　●AB判上製　●各40ページ

コスト計算表

_____ 月 　　　　　屋号・商号 _____

商品・サービス	単価	数量	コスト金額
		合計	

A4用紙にコピーして使いましょう　➜使い方は7ページ